日本共産党

全国都道府県委員長会議

●志位委員長の幹部会報告
●志位委員長の結語

2022.11.3

日本共産党中央委員会出版局

日本共産党
全国都道府県委員長会議

目次

全国都道府県委員長会議

志位委員長の幹部会報告

2022年11月3日

全国のみなさん、おはようございます。連日のご奮闘に心からの敬意と連帯のメッセージを送ります。

私は、幹部会を代表して、全国都道府県委員長会議への報告を行います。

10月30日に新型コロナ陽性と判定され、隔離が必要なため、きょうはオンラインで報告を行います。どうか最後までよろしくお願いいたします。

会議の目的――「特別期間」の目標総達成に向けた全党の意思統一

この会議の目的は、第6回中央委員会総会が呼びかけた「党創立100周年記念、統一地方選挙勝利・党勢拡大特別期間」の目標を総達成するための、全党の意思統一をはかることにあります。

「特別期間」の期限は12月末まででであり、この11月、12月は、わが党の現在と未来にとって死活的課題となっている党づくりの遅れを抜本的に打開するうえでも、統一地方選挙の勝利・前進の土台を築くうえでも、文字通り「勝負どころ」の重要な時期になります。

6中総以来の3カ月間の活動の到達点をどうとらえるのか、学ぶべき教訓、打開すべき問題点はどこにあるのか、どうやって活動の飛躍をはかり目標をやりぬくかについて、全国のみなさんの奮闘から学びつつ問題提起を行い、討論をつうじて深め、目標総達成への道を明らかにしていく会議にしていきたいと思います。

一、政治の潮目の大きな変化と日本共産党の役割について

まず現在起こっている政治の潮目の大きな変化と日本共産党の役割について報告します。

日本共産党の頑張りどころの情勢――変革者の党の真価を発揮して奮闘を

行き詰まりと危機があらゆる問題で現実に噴き出している

6中総決定は、「岸田政権は、参院選で多数を得たものの、さまざまな分野で深刻な行き詰まりと危機に直面している」との分析を行いました。それから3カ月、「行き詰まりと危機」があらゆる問題で現実に噴き出しています。

国民の6割の反対の声を無視した「国葬」の強行、統一協会と自民党との癒着《ゆちゃく》の底なしの広がり、物価高騰に対する無為無策と逆行、暮らしも平和も押しつぶす大軍拡の暴走などに対して、国民の怒りと不信が広がり、内閣支持率が急落しています。

さまざまな分野で国民運動の新たなうねりが起こっている

他方で、こうした暴政に対して、さまざまな分野で国民運動の新たなうねりが起こっていることは大きな希望であります。

「国葬」強行にさいしては、1万5千人が参加した国会前の抗議行動をはじめ、全国各地で抗議行動が取り組まれました。消費税減税・インボイス（適格請求書）中止を求めるフリーランス・小規模事業者のたたかいが大きく広がっています。医療・年金・介護の改悪に怒りの声が広がっています。健康保険証の廃止とマイナンバーカード強制に反対するネット署名は11万4千をこえました。きょう、11月3日には、憲法を守り、生かすことを掲げた憲法大行動が予定されています。

こうしていま、政治の潮目の大きな変化が起こっています。政治の大激動の可能性をはらむ日本共産党の頑張りどころの情勢であります。

全国のみなさん。変革者の党の真価を発揮し、岸田自公政権と正面から対決するとともに、国民の願いにかなった抜本的対案をかかげて意気高く奮闘しようではありませんか。

統一協会の反社会的活動、政治との癒着を一掃し、被害者救済をはかる

直面するたたかいの課題について報告します。

無反省と隠蔽に終始する岸田首相の対応を、決して許すわけにいかない

まず統一協会と自民党との癒着問題であります。

この問題で岸田首相がとっている姿勢の根本的問題点は、統一協会との深刻な癒着への反省がまったくないこと、癒着の実態がどうなっているかについて、個々の議員まかせに終始し、政府・自民党として、責任をもって調査することを拒否しつづけていることにあります。無反省と隠蔽《いんぺい》に終始する岸田首相の対応を、決して許すわけにはいきません。

日本の政治と社会の前途にとって大きな意義あるたたかい

この問題のうみを出し切り、問題を根本から解決することは、日本の政治と社会の前途にとって大きな意義あるたたかいであります。

第一に、統一協会が行っている正体を隠した伝道活動、霊感商法と高額献金、当事者の意思を無視した集団結婚など数々の反社会的活動は、どれも司法によって法律違反と断罪されたものであるとともに、日本国憲法に保障された思想・良心の自由、信教の自由をはじめ基本的人権を蹂躙《じゅうりん》するものです。統一協会の反社会的活動を一掃し、被害者救済をはかることは、憲法に保障された国民の基本的人権を守り抜くたたかいであります。

第二に、半世紀にわたって自民党は統一協会を反共と反動の先兵として利用し、統一協会は自民党の庇護《ひご》のもとに反社会的活動を拡大してきました。統一協会が多数の自民党議員と交わしていた「政策協定」が示すように、両者は、憲法改定、ジェンダー平等への敵対、日本共産党への敵対などで、互いに利用しあってきました。統一協会と政界との癒着を一掃することは、反共・反動の謀略同盟から日本の平和と民主主義を守り抜く、重大な意義をもつたたかいであります。

日本共産党は、半世紀にわたって統一協会＝勝共連合の策動と正面からたたかい続けた党として、統一協会の反社会的活動を一掃し、政治との癒着を一掃し、被害者救済をはかるために、全力をつくして奮闘するものであります。

暮らしと経済の立て直し、大軍拡許さず憲法9条を守る、国民的大運動を起こそう

物価高騰――賃上げを軸にした実体経済の立て直しに本腰を入れて取り組む

物価高騰と国民の生活苦がいよいよ深刻になっています。

しかし、岸田政権は、その最大の原因である異常円安に対して対応不能に陥り、「構造的賃上げ」と言いながら中身は空っぽ、物価高騰のさなかに医療や介護の負担増を押し付けるという血も涙もない政治を行っています。「総合経済対策」を打ち出しましたが、電気・ガス料金の抑制などの個別的、一時的対応では、焼け石に水であります。

物価高騰に対して無為無策と逆行に終始している岸田政権に、日本経済のかじ取りをまかせるわけにはいきません。

この現状を打開するためには、賃上げを軸とした実体経済の立て直しに本腰を入れて取り組むことが必要です。

日本共産党は、大企業の内部留保への時限的課税を行い、税収10兆円を中小企業の賃上げの直接支援にあて、最低賃金を1500円に引き上げる具体的な賃上げ政策の実現のために全力をつくします。

消費税の5％への緊急減税とインボイスの中止、社会保障と教育の負担軽減のために奮闘します。

農産物の価格保障・所得補償の抜本的強化によって食料自給率を引き上げ、省エネルギー・再生可能エネルギーの大規模普及によってエネルギー自給率を引き上げることは、地球規模の食料危機、気候危機の打開にとって急務であるだけでなく、国民生活と日本経済の基盤を強くするうえでも待ったなしの課題となっています。

大軍拡の暴走が矛盾を拡大――「外交ビジョン」を掲げ実現のために奮闘する

岸田政権が、ロシアの蛮行などに乗じて大軍拡の暴走にひた走っていることが、深刻な矛盾を拡大しています。来年度予算案の編成、「国家安全保障戦略」など「防衛3文書」の改定が具体化されるなかで、「反撃能力」＝「敵基地攻撃能力」保有がなし崩し的に進められようとしています。大軍拡が、暮らし、平和、憲法と両立しえないものであることがいよいよ明瞭になりつつあります。

大軍拡の暴走は、この地域の軍事対軍事の悪循環に拍車をかける最も危険な道であります。大軍拡推進勢力は、「外交のためにも防衛力増強が必要だ」といいます。しかし、「外交のためにも」と言いながら、まともな外交戦略を何一つもっていないではありませんか。軍事力増強のみに熱中しているのがその実態ではありませんか。ここにこそ一番の危険があることを、私は、強く批判したいと思うのであります。

いま日本に必要なのは、憲法9条を生かした外交戦略であります。

日本共産党は、大軍拡と憲法9条の改定に真正面から対決するとともに、東アジアの地域のすべての国ぐにを包摂する平和の枠組みを発展させることによって、東アジアに平和を創出する「外交ビジョン」を抜本的対案として掲げ、国内外で、その実現のために奮闘するものであります。

「政治を変えたい」という願いを一つに集め、岸田内閣を打倒しよう

暮らしの問題でも、平和の問題でも、日本は大きな歴史的岐路にあります。「こんな政治は変えたい」と願う国民の要求が渦巻いています。

日本共産党は、物価高騰から暮らしと経済を立て直すこと、大軍拡を許さず憲法9条を守り生かす

こと――この二大課題で、国民的な大運動を起こすことを心から呼びかけるものであります。それぞれの課題で、切実な要求にもとづく幅広い一致点での対話と共同を追求していこうではありませんか。同時に、大軍拡が暮らしを押しつぶすことが明瞭になりつつあるもとで、二大課題を一体にたたかうことも追求しようではありませんか。

全国のみなさん。統一協会問題の徹底究明とともに、暮らしと経済の立て直し、大軍拡を許さず憲法9条を守り生かす国民的な大運動を発展させ、「政治を変えたい」という願いを一つに集め、岸田内閣を打倒しようではありませんか。国民が希望が持てる新しい政治をつくるために全力をあげようではありませんか。

岸田自公政権とともに、その補完勢力とも正面から対決する立場を貫く

6中総の問題提起は、今日いよいよ重要となっている

6中総決定は、市民と野党の共闘を再構築する立場から、共闘破壊の妨害に対して野党がどういう姿勢をとるかについて、率直に、いくつかの問題提起を行いました。

そのなかで、「『野党』を名乗りながら、自民党以上の右翼的立場に立って大軍拡と改憲の先兵となり、野党共闘攻撃の先兵となっている維新の会、政府の当初予算案に賛成するなど事実上の与党となっている国民民主党など、自公政権の『補完勢力』とは、正面からたたかう立場に立つべきではないでしょうか」との提起を行いました。

この提起は、今日いよいよ重要となっています。

維新の会と、憲法問題で協力の余地などありえないことは、あまりにも明らか

維新の会などとの関係において、わが党は、国会の民主的運営など、国会内の個別の問題について一致点がある場合には、共同の行動をとることはありうると考え、現にそうした行動をとってきました。

同時に、憲法問題をはじめ政治的立場の根本については、維新の会などは、正面から対決し、打ち破っていく相手であります。

この間の動向を見ても、「反撃能力」の保有、核共有、憲法9条改定をとなえ、軍事費について「GDP比2%にこだわらず増額せよ」と声高に主張しているのが、維新の会であります。岸田政権の支持率が急落するもとで、維新の会は「対決」ポーズを強めていますが、それは自民党をより右翼的な立場からけん引するための「批判」であり、改憲・核共有・大軍拡を岸田首相に迫るための「対決」にほかなりません。まさに憲法問題でも、自公の補完勢力としての本領を発揮しているのが、維新の会であります。

野党としての立場を真剣に貫こうとするならば、こうした勢力と、憲法問題で協力の余地などありえないことは、あまりにも明らかではないでしょうか。

日本共産党は、岸田自公政権と正面から対決するとともに、その補完勢力とも正面から対決し、打ち破っていくという立場を貫きます。この立場に立ってこそ、「政治を変えたい」という国民の願いにこたえて野党としての責任を果たすことができるし、市民と野党の共闘の再構築の道が開かれることを私は訴えるものであります。

国政と一体に、地方政治にかかわる要求運動を大いに重視して取り組もう

統一地方選挙に向け、国政にかかわる要求実現の取り組みと一体に、地方政治にかかわる要求運動を大いに重視して取り組みましょう。

地方政治をめぐる政治的対決と、日本共産党地方議員団のきわだった役割

地方政治をめぐる政治的対決は、大きな流れとしては、大型開発優先の一方で公的サービス・福祉を切り捨てる新自由主義の押し付けによって「自治体が自治体でなくなる」変質を許すのか、「住民福祉の増進」という自治体の本旨にたった地方自治の拡充か――ここにあります。

地方自治体では、いまなお日本共産党以外の「オール与党」体制が支配的で、日本共産党地方議員団は唯一の野党として住民の利益を守る立場を貫いて奮闘しており、その役割はきわだったものとなっています。そこに深い確信を持って大いに頑張ろうではありませんか。

地方政治をめぐるいくつかの要求課題について

地方政治をめぐる要求課題は、地域によってそれぞれですが、とくに全国共通の問題として3点のべておきたいと思います。

――**保健所と医療体制**……新型コロナ危機のもとで、全国どこでも、保健所と公的医療機関を切り縮めてきた新自由主義の政策の矛盾が深刻な形で露呈しています。にもかかわらず、政府と多くの「オール与党」自治体では、この間違った路線を変更しようとしません。地域医療構想も中止すると言いません。コロナ危機が、なお続いているもとで、保健所と医療提供体制の切り捨てをやめさせ、拡充に転換することは、命を守るうえで差し迫った緊急課題となっています。

――**子ども医療費無料化**……子どもの医療費の助成・無料化が全国津々浦々に広がり、対象年齢も大きく拡大していることは、住民運動と日本共産党議員団の共同の大きな成果であります。厚生労働省の調査によると、全国１７４１市区町村のうち、通院の助成・無料化で、「高校卒業まで」が約47％、「中学卒業まで」が約48％、「中学卒業まで」以上の助成・無料化をしている市区町村は、全体の95％を占めるところまで前進しました。同時に、都道府県段階の制度としては、約半数が小学校就学前までにとどまっています。「すべての自治体で、さらに国の制度としても、18歳までの子どもの医療費を完全無料に」を掲げて、運動をさらに発展させようではありませんか。

――**学校給食費の無償化**……義務教育の学校給食費の無償化が加速度的に広がり、党自治体局の調べでも、全国２２３自治体で小中学校の給食完全無償化が実現しています。この課題は、コロナ危機のもとで、子育て支援の最もホットな住民要求の一つとなっています。学校給食の無償化は、わが党議員団が提案し、実現してきたものですが、この流れを全国の自治体に広げようではありませんか。国の制度としても、憲法26条の「義務教育は、これを無償とする」という規定の通りに、給食無償化を実現するために力をあわせようではありませんか。

二、どうやって目標をやりぬくか

みなさん。次に、この会議の中心主題である、どうやって「特別期間」の目標をやりぬくかについて報告します。

到達点をどうとらえ、どういう基本姿勢でのぞむか

6中総で確認したように、「特別期間」の課題は、第一に、世代的継承を中軸とする党員拡大を根幹とした党勢拡大の前進をはかる、第二に、統一地方選挙の独自の取り組みを前進させ、勝利の土台を築く、第三に、すべての支部が「政策と計画」をつくり、要求運動、「集い」、学習に取り組む——であります。

私たちは、第一の課題——党勢拡大を前面にすえつつ、第二、第三の課題と一体に推進するという立場で奮闘してきました。

このうち党勢拡大は、党員拡大では、10月は、入党働きかけ数で4千人を超え、３９４人の入党申し込みとなりました。8月以降の累計では、入党の働きかけ数で８５１１人、入党申込数で９３７人であります。この間、日本共産党に新たに入党された新しい同志のみなさんに、幹部会を代表して心からの歓迎をのべたいと思います。8月、9月、10月と、働きかけ数、入党申込数が広がりつつありますが、現勢での前進をつくりだすにはいたっていません。

読者拡大では、10月度は、日刊紙１４４４人増、日曜版８７４人増、電子版14人増と前進に転じました。これは重要な一歩ですが、「特別期間」の通算ではなお後退となっています。

全党の奮闘によって、前進への足掛かりをようやくつかみつつありますが、「特別期間」の目標達成には、残る2カ月間の大奮闘、大飛躍が必要だというのが、現在の到達点であります。

民青同盟員の拡大では、年間到達で昨年を上回る１３００人を突破し、１５００人という目標突破の勢いを生み出しています。

この到達点をどうとらえ、11月、12月を、どういう基本姿勢でたたかうか。6中総で確認した「特別期間」の二つの意義にてらしてつかむことを訴えたいと思います。

「党づくりの遅れの抜本的打開」という角度から——大志をもってのぞもう

第一の意義——「わが党の現在と未来にとって死活的課題となっている党づくりの遅れを抜本的に打開する」にてらして、私たちの取り組みの到達点はどうでしょうか。

6中総の結語では、第一の意義について、次のように強調しました。

「今回の『特別期間』の目的は、目前に迫った統一地方選挙勝利の土台をつくることだけではありません。統一地方選挙の勝利にとっても、さらにその先の総選挙、参議院選挙など国政選挙の勝利にとっても、さらに党綱領路線の実現を展望しても、党づくりの遅れの打開は、党の現在と未来にとって、文字通り死活的課題となっています」

次期党大会までに「130％の党」への前進を必ず達成しよう

ここで私たちが立ち返らなければならないのは、２０２０年の第28回党大会の第二決議（党建設）で確認した目標であります。

第二決議では、党創立１００周年までに、党員拡大と「しんぶん赤旗」読者拡大で、第28回党大会時比１３０％の党をつくること、青年・学生と労働者、30～50代などの世代で党勢を倍加することなどを目標に掲げました。これらの目標は、党建設の現状をリアルに直視し、党勢を後退から前進へと転ずるうえで、死活的に必要な目標として、全党の意思で確認したものであります。

昨日の幹部会は、これらの目標を、２０２４年1月に開催予定の第29回党大会までに必ず達成することを確認しました。これは党大会で決定した目標に責任を負う立場に立つならば、当然の確認だと考えるものです。

次期党大会までにこれらの目標を本気でやりきろうとすれば、私たちが、これまでの運動の延長線上に甘んずるわけにいかないことは明瞭であります。

次期党大会を「１３０％の党」で迎えるためには、「特別期間」の党勢拡大の目標――全党的に5カ月間で5万人以上に働きかけ、５０００人以上を党に迎えること、「しんぶん赤旗」読者で大会現勢回復・突破を達成することは、必要最小限の絶対に達成すべき目標ではないでしょうか。次期党大会までに「１３０％の党」を本気でつくろうとしたら、この11月、12月に、党勢を後退から前進に転じなくて、いつ転じるのか。それはどうしても必要になるのではないでしょうか。

「特別期間」でこの仕事をやり切って、さらに来年1年間の奮闘で次期党大会を「１３０％の党」で迎えるならば、綱領路線実現に向けたロマンあふれる大展望が開かれることは間違いありません。

全国のみなさん、全党の力を総結集して「特別期間」の目標を必ずやりぬき、次期党大会を「１３０％の党」で大成功させようではありませんか。

記念講演でのべた党建設論――その実践の最初の第一歩として

さらに強調したいのは、党創立１００周年記念講演でのべた党建設論とのかかわりであります。記念講演では、１００年の党史、とりわけこの60年余の「政治対決の弁証法」との関係で、いま強く大きな党をつくることの重要性を訴えました。その核心は、次の3点にあります。

――第一は、この60年余に、日本共産党は3回の躍進を経験していますが、その教訓と反省点を生かすということです。１９６０年代末から70年代末までの第一の躍進は、60年代に粘り強く続けられた党建設の飛躍的発展という強固な土台の上に築かれたものでした。それに対して、90年代後半の第二の躍進、２０１０年代中頃の第三の躍進は、それぞれ重要な意義をもつ躍進でしたが、党の実力がともなっていなかったという反省点がありました。それはこの間の国政選挙での悔しい後退でも、全党のみなさんが痛いほど実感されていることではないでしょうか。その教訓を踏まえて、60年代から70年代のような「強く大きな党をつくり、その力で選挙に勝ち、さらに強く大きな党をつくる」という法則的発展を、新しい情勢のもとでつくりだそう。これが記念講演の呼びかけであります。

――第二は、日本の情勢を大局的にどう見るかという問題です。日本共産党の3回の躍進のたびごとに、支配勢力は、反共キャンペーンと反動的政界再編でこたえましたが、反共と反動のくわだての一歩一歩が、矛盾を広げ、支配体制をもろく弱いものにしている。大局的・客観的に見るならば、日本はいま、新しい政治を生み出す「夜明け前」となっている。記念講演では、こうした情勢論を明らかにしました。

——第三は、日本共産党の躍進こそ、「夜明け前」を「夜明け」にする力であり、その最大の保障となるのは、強く大きな党をつくることだということです。「目標と期限を数字として目的意識的・計画的に党建設に取り組む」という、60年代の初心に立って、党づくりに取り組もう。党の歴史的発展段階と客観的条件を見るならば、それを達成しうる巨大な四つの変化——綱領路線の発展、自民党政治の行き詰まり、日本共産党の政治的影響力の大きさ、国際政治での〝主役交代〟——が起こっている。これらの巨大な変化を生かして、未来を開く強く大きな党をつくろう。このことを呼びかけました。

60年代から70年代のように「強く大きな党」をつくり、次の躍進——第四の躍進は「勝つべくして勝った」といえる躍進にしていこう。これが記念講演の呼びかけであります。

全国のみなさん。大志をもってのぞもうではありませんか。「特別期間」を、この呼びかけを実践する最初の第一歩として位置づけ、11月、12月に、目標の総達成をやりとげようではありませんか。

「統一地方選挙での勝利・前進」という角度から——いまが頑張りどころ

「特別期間」の第二の意義——「統一地方選挙で必ず勝利・前進する土台をつくる」にてらして、私たちの取り組みの到達点はどうでしょうか。

いま私たちが直視しなければならないのは、中間地方選挙の結果であります。今年に入っての中間地方選挙で、わが党は、１３６市75町村に３７７人が立候補し、３２８人が当選しました。前回比で55議席の減少であり、得票数でも前回比で82・７%と減少傾向を打開できていません。55議席の減少のうち、26議席は立候補見送りによる減少であることも、たいへんに残念なことであります。

住民の利益を守ってかけがえのない役割を発揮しているわが党地方議員団が、全体として後退傾向から脱していないことに、胸を痛めておられない同志はいないと思います。

その原因は、選挙区によってさまざまですが、根本に、党建設の後退があることは、間違いのない事実であります。わが党は、この間の中間地方選挙を、党員で前回比94%、日刊紙読者で89%、日曜版読者で89%という後退のもとでたたかいました。ここに後退の根本的要因があることを、私たちは直視しなければなりません。立候補見送りで26議席を失ったことは、党づくりの遅れを象徴的に示すものとなっています。

こうしたなかでも、全体の２割強の選挙区で前回比で得票を増やし、４割近くの選挙区で得票率を増やして勝利をかちとっていることは重要であります。その多くは、党づくりでも健闘しているという共通した教訓があります。

４月に行われた岩手県・宮古市議選では、党員で前回比１０９%、日曜版読者で１０３%に増やし、２議席から３議席に前進し、得票も前回比１０８%に前進しました。４月に行われた千葉県・南房総市議選では、党員で前回比１０２%、日刊紙読者で１００%でたたかい、得票を前回比１３０%に伸ばして、高位当選をかちとりました。７月に行われた高知県・本山町議選は、党員は前回比94%でしたが、日曜版読者を１１５%に増やし、１議席から２議席への倍増をかちとり、得票も前回比１３２%にのばしました。

こうした経験をみるならば、統一地方選挙で勝利・前進を本気でかちとるためには、いまが頑張りどころであることは明瞭ではないでしょうか。

私たちの取り組みが、この間の取り組みの延長線上の活動に甘んじるならば、来年の4月は悔しい結果となることを率直に訴えなければなりません。

「特別期間」の目標をやりぬくことなしに、統一地方選挙での勝利・前進の保障はない。全国のみなさん。そのことをお互いに肝に銘じて、11月、12月に目標総達成を必ず実現しようではありませんか。

どうやって運動の飛躍をかちとるか——三つのカギを訴えたい

それではどうやって運動の飛躍をかちとるか。飛躍の最大の保障は、この運動をすべての支部と党員が参加する運動にしていくことにありますが、それをどうやったら現実のものにすることができるでしょうか。

この点で、都道府県委員長の同志、全国の同志は、たくさんの悩みをかかえながら、模索し、苦闘しておられることだと思います。私たち中央の姿勢として、6中総決定を踏まえ、「現場で頑張っているみなさんが、一番苦労している問題、困っている問題を、ともに解決していく」という姿勢で、活動をすすめてきました。私自身も、遊説のさいに懇談もあわせて行い、現場のみなさんの取り組みから学ぶ努力を続けてきました。

報告では、それらを踏まえ、いま運動の飛躍をかちとるカギとして、次の三つの点を訴えたいと思います。

第一のカギ——6中総決定と記念講演を政治的推進力として生かしぬく

第一のカギは、6中総決定と記念講演を政治的推進力として生かしぬくことであります。

記念講演への党内外からの反響——新しい質の党勢拡大運動を成功させよう

記念講演に対して、党内からだけでなく、党外からも、さまざまな評価の声が寄せられています。先日、ある自民党重鎮——6中総で紹介した方とは別の重鎮の方から、こういう感想が寄せられました。「記念講演を熟読しました。根本的に賛成です。素晴らしい講演です。いま頼りになるのは共産党しかない。頑張ってください」。わが党と異なる道を歩んでこられた政治家の立場から見ても、日本共産党の不屈で一貫した歩みは立派だと受け取っていただいたことは、たいへんにうれしいことであります。

ここで強調したいのは、いま取り組んでいる党勢拡大運動は、「党の歴史と綱領の全体を学び伝える」という新しい質の運動となっているということです。これまでわが党は、さまざまな形で党勢拡大運動に取り組んできましたが、「選挙に勝つため」「このたたかいに勝利するため」といった、直面する課題にともに取り組もうという訴えも多かったと思います。もちろんそれも重要な意義のある運動ですが、今回の運動は、直面する課題での取り組みだけでなく、日本共産党の歴史と綱領の全体を丸ごと学び、丸ごと伝え、この党とともに歩もうという新しい質の運動になっています。ですから、この運動が本格的に成功するならば、量的にも質的にも「強く大きな党」をつくる大展望が開かれることは、間違いないのではないでしょうか。

記念講演が、長年にわたって党の中核として奮闘してこられた年配の同志に、自らの歩みへの誇りと確信を呼び起こし、感動を持って受け止められているだけでなく、若いみなさんにも「次の100年は私たちが引き継ぐ」と受け止められていることは、何よりもの喜びであります。

「しんぶん赤旗」10月29日付に、

「青年が語りあう『日本共産党創立１００周年記念講演』」と題する座談会が掲載されました。若いみなさんから、「不屈のたたかいを知り、背筋がのびた。この人たちの後に続きたい」、「最初は絶対不可能だと思われていたことを不屈のたたかいでくつがえしているんだなと思った。いま無理だと思われていることも諦めずにたたかうことで実現できると思う」、「過去の誤りや時代の制約を認め続けているところって、すごく魅力的だなと。これもあったから入党しようと思った」などの感想が語られています。

党として、すべての民青同盟員のみなさんに、記念講演のパンフレットを贈呈する措置をとりました。ぜひ、学びの援助、党員・民青同盟員の拡大の力にしていただきたいと思います。

全国のみなさん。６中総決定と記念講演を政治的推進力として生かしぬき、「党の歴史と綱領の全体を学び伝える」という新しい質の党勢拡大運動を大きく成功させようではありませんか。

記念講演の学習・討議は「はじまったところ」――徹底的にすすめよう

そのためにも党機関と支部で、記念講演の学習・討議を徹底的にすすめることを呼びかけたいと思います。

そのための努力がこの間行われてきましたが、到達点は、「はじまったところ」という段階ではないでしょうか。現在、記念講演の読了・視聴は23・1％、学習・討議を開始した支部が50・7％であり、まだ読了・視聴していない党員が８割近く残されています。

この間の全国の経験でも、記念講演の学習・討議に、本腰を入れて取り組んだところで、大きな変化が起こっています。

統一地方選挙で前回区議選での失地回復をめざしている**東京都・渋谷地区**では、10月21、22日に２日間かけて開催した「記念講演学習会」に地区役員の半数と４割の支部が参加し、「記念講演の魅力や核心点がよくわかった。たいへん面白かった」と大好評でした。これを力に入党の働きかけに踏み出している支部が３割を超え、10月は24人に入党を働きかけ、２人が入党を申し込み、読者拡大では１０７人を増やし、日刊紙、日曜版ともに前進を切り開きました。「折り入って作戦」ではこれまでに２４６４人に働きかけ、東京都でトップになっています。**小峰久雄地区委員長**は、記念講演の威力について次のような感想を寄せてくれました。

「地区委員会での議論をつうじて、『ふつうの党員なら、記念講演を読めば、だれでも誇りに思う』と思いました。私も地区委員長として長くやってきて、いいときばかりでなく、いろんな苦労がありましたが、１００年の歴史をへて現在までたどりついていると力をもらえました。だから『最高の文書』と言っています。これならだれでも元気になる。いま頑張らなきゃいけないと思える。自分のまわりの人にも語りたくなる。だれもが拡大にむかっていける。自力がなくて選挙に勝てなかったという悔しい思いがあるなかで、記念講演を読めば、元気になり、党を大きくしようと思えるということが共通して出されました」

講演者冥利《みょうり》につきる感想でありますが、記念講演の生命力は、何よりも１００年に及ぶわが党の党史を支え、党史をつくってきた多くの先人たちの苦闘、全党の同志の不屈のたたかいによってつくられたものであるということを強調したいと思います。

ここで率直に強調したいのは、渋谷地区が取り組んでいるような徹底的な努力がされている党組織はまだ一部にとどまっているということです。どうか、この内容を文字通り全党の血肉にしていっていただきたい。そのために学習・討議を中途半端でなく、徹底的にすすめていただきたい。それが、「特別期間」で飛躍をつくる最大の力となることを訴えたいと思います。

第二のカギ——思い切って広く働きかけ第一課題（党勢拡大）での飛躍をつくる

　第二のカギは、思い切って広く働きかけることに徹することで、第一課題——党勢拡大での飛躍をつくることであります。

　全国からの声で、また私自身が各地で行った懇談でも率直に出された声として、「記念講演には感動したという反応が寄せられる。でも党勢拡大を実際にすすめるのは重い。なかなか足が出ない」という悩みがあります。こうした「重い」という気持ちをふっきって、どうやってこの課題での本格的な前進をつくるか。大切だと考えることを4点ほどのべたいと思います。

党の困難・弱点を打開する最大のカギは党員を増やすことにある

　第一は、いま党が抱えているあらゆる困難・弱点を打開する最大のカギは党員を増やすことにある。ここに思いを定めて取り組むことであります。

　党大会第二決議がのべているように、わが党の組織の現状には、多くの困難・弱点があります。世代的継承の遅れ、「支部が主役」の活動の弱まり、「しんぶん赤旗」の配達・集金の支え手が細っていること、党機関の体制の弱まりなどは、いずれも胸が痛むことばかりであります。それではどうやって困難・弱点を打開していくか。そのためには、それぞれの課題での独自の取り組みが必要になりますが、困難・弱点を打開していく根本の力——最大のカギは、新しい党員を増やすことにあるのではないでしょうか。

　私自身のこの間の各地での地区委員長のみなさんなどとの懇談をつうじても、「やはりカギは党員拡大だ」ということが、共通して懇談の結論となりました。10月23日、**福井県**の演説会で訴えたおりに、県委員長さん、3人の地区委員長さんと懇談する機会がありました。地区委員長のみなさんから、記念講演が力を発揮していることと同時に、支部会議がきちんと開けないなどの党活動上の悩みが出され、どうやって打開していくかを率直に話し合いました。その時に、**南越地区の小柳茂臣地区委員長**から、新しい党員を迎えたある地域支部の変化が語られました。今年3月に2人の新入党員を迎えたことをきっかけに支部が活性化し、支部会議を毎週開催するようになり、6中総、党綱領、記念講演を学習し、新入党員の同志は「毎日が楽しい」と言っている。9月は7人中全員が読者拡大の行動に足を踏み出して、5人が成果をあげたとのことでした。懇談を通じて「やはりカギは党員拡大だね」ということになりました。この懇談会の後、県で5人の新たな同志を迎えたといううれしい報告を受けとりました。

「困難があるから拡大はできない」となったらわが党の先はなくなってしまいます。「党員拡大で困難を打開し、希望ある未来をつくろう」という変革の立場で奮闘しようではありませんか。

党員拡大でどう飛躍をつくるか——党大会第二決議にそくし二つの点を重視して

　第二は、それでは党員拡大でどうやって飛躍をつくるか。私は、党大会第二決議にそくして二つの点をにぎってはなさずに取り組むことを訴えたいと思います。

　一つは、思い切って広い方々に入党を働きかけるということです。入党の対象者を狭くせずに、後援会員、読者、支持者のすべてを対象者と見て、働きかけることを訴えたい。この間、党に新たに入ってきている方々は、これまで何度も働きかけてきた方も多いですが、これまで働きかけをしてこなかった方が思いがけず入党したという経験も少なくありません。党大会第二決議は、「入党の働きかけに失敗はない」「一回一回の働きかけに大切な意味がある」と強調していますが、この精神で入党運動を思い切ってすすめましょう。

埼玉県・西南地区では、10月、16支部が40人に働きかけ、40代の看護師をはじめ7支部で8人が入党しています。この地区では、ある地域支部が病気などで活動に参加する人が減り、支部会議が開けなくなりました。支部長さんが**地区委員長の神田三春同志**に、「うちの支部は終わりだよ」と電話してきた。そこで神田地区委員長が、「じゃあ、会議をやろう。集まれる人に声をかけて」とお願いし、3人が集まった。そこで6中総のポイントを報告し、党員を増やして支部を存続させることがどんなに大切かを熱を込めて訴えました。「つながりがない」という話にも、「全国どこも同じ。読者もいるじゃない」と励ますと、「いるね」「いるな」となり、10月10日に「集い」を開くことになりました。支部長さんは30人近くに声をかけてくれ、当日は党外からも6人が参加。物価高、統一協会、農業問題などでたいへんに盛り上がり、2人が入党。支部会議は5人のにぎやかな会議になったといいます。ここにはたくさんの教訓があると思いますが、支部のみなさんの「増やしたい」という思いを大切にして、入党の対象者を狭くせず、読者に広く働きかけよう、30人近くに声をかけて「集い」を行ったことは、重要な教訓ではないでしょうか。

いま一つは、「楽しく元気の出る支部会議」にしていく努力と一体に党員拡大を推進することであります。「新しい党員を迎えても成長させられない」。こうした悩みをどう打開していくか。

京都のある学校支部は、コロナ危機のもとでもオンラインを活用するなど毎月2回の支部会議を崩さずに継続し、「楽しく元気の出る支部会議」にしていくために力をつくし、若い党員が同世代との間で信頼関係を広げ、4年間で20代～30代の4人を党に迎え、支部の構成は30代以下が8割となっています。支部会議では四つのことを重視しているとの報告でした。第一は学習。第二は「楽しく元気の出る」組合活動。第三は職場の悩みや苦労、やりがいなど何でも話し合うこと。第四は周囲の教職員一人ひとりについて、困っている人はいないか、元気のない人はいないかを意識的に出し合い、交流すること。こうした活動のなかで、党員や民青同盟員の拡大でも、若い党員が中心となり、自信をもって働きかけ、迎えられるようになっているとの報告でした。

ここで強調しておきたいのは、「楽しく元気の出る支部会議」と党員拡大を「一体」にすすめようということです。「楽しく元気の出る支部会議」をつくることは、〝こんな素晴らしい支部ならば新しい党員を迎えたい〟となり、党員拡大の大きな力となることは間違いありません。同時に、さきに紹介した福井県の経験が示すように、新しい党員を迎えることがきっかけになって「楽しく元気の出る支部会議」になっていくということもあるでしょう。両者を「一体」にという立場で、大いに取り組もうではありませんか。

世代的継承――この間生まれている新しい可能性を思い切って発展させよう

第三は、世代的継承の取り組みで、この間生まれている新しい可能性を思い切って発展させることであります。

青年・学生分野、労働者、真ん中世代の三つの分野での党活動・党建設の発展をめざして、党中央は、担当部門の系統的な努力の不足を反省しつつ、この間、一連の各都道府県の担当者の会議を開催してきました。これが各県から歓迎されるとともに、各分野での党勢拡大などの貴重な努力が発掘され、交流され、全党の共通の教訓となったことは、大きな成果であります。その内容は、ファイル送信で全国にお伝えしているので、ぜひご覧いただきたいと思います。この分野で何よりも重要なのは、何があっても取り組みを中断しない系統性であり、中央としてもこのことを肝に銘じて引き続き努力を続けることをお約束したいと思います。

世代的継承にかかわって、私たちにとっての大きな希望は、民青同盟の大奮闘であります。いま民青同盟は、11月25日から開催する全国大会にむけて、食料支援や憲法9条改悪を許さない運動に取り組み、週1回の班会議で記念講演と党綱領、科学的社会主義の学習に取り組みながら、年間1500人という昨年の民青大会で決めた目標の達成を目指して、若々しい活力を発揮しながら、奮闘を続けています。この10月には、1カ月で同盟員を実に260人増やし、年間到達で昨年を上回り、目標達成まであと182人と迫っています。大会目標を突破したら、実に26年ぶり――1996年の民青大会以来の快挙となります。

この大奮闘を支えているのは、民青同盟中央と各県のリーダーたちが、「目標を期限通りに達成しよう」という高い意気込みで燃えに燃えていることであります。「民青同盟との共同事業として、年間1500人以上という民青同盟自身が決めた拡大目標を早期に突破し、さらなる前進をめざす」ことは、6中総で党自身が決定した大目標です。若い仲間たちの頑張りに学び、その努力や苦労に心を寄せ、力をあわせてこの大目標を必ずやりぬこうではありませんか。

世代的継承にかかわって、さらにもう一点訴えたいのは、党大会第二決議がのべている次の箇所にかかわってであります。

「世代的継承の問題は、党づくりの最大の弱点だが、同時に、いま(19)60年代、70年代に入党した世代が党の中核的な力となって党を支え、頑張っていることは党の誇りであり、さまざまな社会的経験を積んできた強みを発揮できる」

調べてみますと、26万人の党員のうちのおよそ3分の1、9万人は、60年代、70年代に入党し、今日まで半世紀前後にわたって党の旗を守って頑張りぬいてきた同志です。これらの同志は、この60年余の「政治対決の弁証法」を身をもって体験し、喜びとともに、多くの試練に耐えて、鍛えられてきた同志です。そうした同志を9万人も擁しているのは、第二決議が強調しているように、わが党の誇りであり、強みであります。

そこで私は、60年代、70年代に入党して、今日まで頑張ってきた同志のみなさんに、私自身もその一人としてともにたたかう決意を込めて、心から訴えたい。私たちの世代の責任において、「強く大きな党」を必ずつくり、若い世代、未来の世代に、立派な党をしっかりと引き渡そうではありませんか。

読者拡大の飛躍へ――機関紙活動をすべての支部と党員が支える活動に発展を

第四は、機関紙活動を、すべての支部と党員によって支えられる運動へと発展させることによって、読者拡大での飛躍をつくりだすことであります。

読者拡大でどうやって飛躍をつくるか。どの党機関も、党支部も、一番苦労されている問題の一つだと思います。その答えはどこにあるか。それは現在、一部の支部と党員によって支えられている機関紙活動を、すべての支部と党員によって支えられる活動へと発展させる。これが唯一の大道であります。読者拡大で成果を上げている支部は、10月でも3割程度にとどまっています。これを早期に4割、5割以上に引き上げ、すべての支部が取り組む運動にしていくことをめざして知恵と力をつくしたいと思います。そのためにも、支部と党員が、「しんぶん赤旗」をよく読み、討議して活動することを、日常の気風にしていくことを訴えます。

読者拡大の足を軽くしていくうえで、全国の経験で重要な教訓だと思うのは、「お試し作戦」とも呼ばれていますが、見本紙を思い切って活用し、系統的にポストインを行い、「感想はどうですか」と声をかけていく——紙面の魅力で拡大を進めていく取り組みであります。こうした取り組みならば、どの支部でも、どの党員でも取り組める——読者拡大の「ハードル」が下がって、足が軽くなると、大きな威力を発揮しています。こうした取り組みも含めて、いかに読者拡大に取り組む支部と党員を広げていくかに、知恵と力をつくそうではありませんか。

もう一つは、配達・集金活動の貴い意義に光をあて、参加者を増やし、読者との結びつきを発展させることであります。「増やしても配れない」。この悩みが語られます。その打開の道は、いま4割の党員によって担われているこの活動に参加する党員・協力者を増やしていくことにあります。ここにしか道はありません。

党大会第二決議でもあらためて引用した第22回党大会の決議では、「配達・集金活動は、粘り強さ、持続性、不屈性がもとめられる、地道で貴い活動である。どの他党もまねができない、わが党ならではの財産でもある。これに携わっている同志の努力の営々とした積み重ねこそが、社会変革を根本から準備している」と強調しています。

「赤旗」党活動のページに「Let's配達・集金」が系統的に掲載されています。この企画や、「配達・集金活動参加のよびかけのしおり」なども活用し、この活動の貴い意義をみんなのものとしていきましょう。「かけがえない『赤旗』を支えたい」「『赤旗』を守りたい」。これは党員ならば誰もが持っている思いだと考えます。この思いに正面から働きかけて、配達・集金活動を担う党員・協力者を増やす仕事に、正面から取り組もうではありませんか。

第三のカギ——第一の課題と、第二、第三の課題を一体的に推進する

第三のカギは、「特別期間」の第一の課題——党勢拡大を、第二の課題——選挙勝利の独自の取り組み、第三の課題——要求運動、「集い」、学習——と一体的に推進するということであります。

大量政治宣伝——国政・地方政治とともに、党の綱領・歴史・理念を広げよう

その大前提となるのが、全有権者を対象にした、「目に見え、声で聞こえ、読んでわかる」大量政治宣伝の強化です。ポスター、ビラ、声の宣伝、SNS、あらゆる宣伝手段をフル活用し、街に日本共産党の風を吹かせましょう。

直面する国政や地方政治の課題に日本共産党がどういう姿勢でのぞんでいるかをお伝えするとともに、日本共産党の綱領、歴史、理念を丸ごと伝え、積極的支持者を増やしていく活動を重視しましょう。

「折り入って作戦」——選挙戦での協力とともに、読者・党員拡大の訴えを

三つの課題の一体的推進を具体的にどのようにすすめるか。私は、次の二つの活動を一体的推進の要にすえて、すべての支部が取り組むことを訴えたいと思います。

一つは、「折り入って作戦」であります。現在、対話・支持拡大を開始している支部は30・4％、「折り入って作戦」に踏み出している支部は15・8％となっています。この運動を、三つの活動の一体的推進の要の一つとして、文字通りすべての支部の運動へと発展させ、12月末までにすべての後援会員と読者に働きかけ、協力をお願いしましょう。

10月21日、全国「折り入って作戦」交流会を行いました。豊かな経験とこの運動のもつ大きな可能性が明らかになった会議となりましたが、そこで明確になったことの一つは、この活動が、選挙戦の

担い手を増やして選挙勝利の流れをつくりだす運動であるとともに、読者拡大、党員拡大でも大きな威力を発揮しているということでした。

福岡県・西部地区からは、「ある支部が4月に『折り入って』のお願いをした人が、『赤旗』読者となり、8月に入党した」との報告がされました。**東京都・品川地区**からは、「一つの区議単位では、独自に『広げてください』作戦のネーミングで取り組み、支部に定着し、4年間で22人の党員を迎えた」との経験が語られました。**高知県**からは、9月4日投票の香美《かみ》市議選で32%の得票を獲得し、定数減のもとで6人全員が当選、議席占有率33%に前進した教訓の一つとして、「『折り入って』と頼める関係づくりを日常的に取り組んできたこと。『折り入って』の究極は、党員になってもらうこと」という発言がされました。

6中総決定では、「折り入って作戦」について、「現在の自力のもとでも勝利をつかむうえでのカナメをなす活動として、また、『国民とともに政治を変える』という党綱領路線にもとづく選挙活動の大道に立った方針」と位置づけています。もともとこの方針は、2013年の都議選で、激戦を制して勝ち抜くためには、党の自力だけではとても足らない。後援会員、支持者、読者に「折り入って」と協力をお願いし、ともにたたかう選挙にしていくことが必要だということで、開始された運動でした。「現在の自力のもとでも勝利をつかむうえでのカナメをなす活動」という位置づけは、引き続き重要であります。同時に、この運動は、読者を増やし、党員を増やす、「自力をつける運動」ともなっています。この面からも「折り入って作戦」を大いに位置づけ、推進しようではありませんか。

「折り入って作戦」とは、より根本的に言えば、6中総決定がのべているように「国民とともに政治を変える」運動であります。広く後援会員、支持者、読者に働きかけ、選挙戦での協力をお願いするとともに、読者になってもらい、党員になってもらう働きかけも一体にすすめる運動として発展させようではありませんか。

すべての支部が、気軽に、繰り返し、双方向で、「集い」に取り組もう

いま一つ、訴えたいのは、すべての支部が「集い」を開くことを、三つの課題の一体的推進のもう一つの要にすえるということであります。

「集い」にかかわって、全国各地で、「記念講演を見る集い」が広がっていることは重要であります。**石川県・金沢地区の亀田良典委員長**は、次のような報告を寄せています。

「9月は17支部が32人に働きかけて6人、10月は17支部が36人に働きかけて3人を迎えています。記念講演は、リアルタイムで7割強の支部が視聴しました。『長いので大丈夫か』との思いは杞憂《きゆう》で、みなさん、集中して聞き入っていました。支部は、『記念講演を見てもらい、感想を聞けば、対話、働きかけができる』としており、地区は半分以上の支部で視聴会を開き、DVDも届けて、入党の働きかけをと呼びかけています。浅野支部は、広く呼びかけようと討議し、視聴会に参加し『暴力革命の党ではないことがよく分かった』という『赤旗』読者が、綱領パンフの丁寧な話し合いもして入党しました。泉支部では、選挙で協力してくれた方がDVDを見て『難しかったが、スケール大きく全体の流れが分かった』と感想をのべ、信頼をおく党員のようになりたいと入党。夕日寺支部は、視聴会に誘った読者が『すごい、自分の人生と重ねて見た』と感想を語り、『入党のよびかけ』を読み合わせ、質問に答える中で入党しています」

すべての支部が、気軽に、繰り返し、双方向で、「集い」に取り組みましょう。そのなかで「記念講演を見る集い」を思い切って位置づけましょう。

統一地方選挙勝利をめざす第1次全国遊説がはじまり、「政治の潮目の大きな変化」を実感させる新たな注目と期待が寄せられる場となるとともに、100年の歴史と綱領を大きく語る場としても成功をおさめつつあります。全国遊説を、統一地方選挙勝利、「特別期間」の目標総達成の跳躍台として位置づけ、リアル参加を基本に、過去最大規模の参加目標をもって成功させましょう。

要求運動にいま取り組むことは、選挙勝利にとっても特別の意義をもっている

6中総決定は、「特別期間」の第三の課題として、すべての支部が「政策と計画」をもち、国政問題とともに、住民要求・地域要求にもとづく運動に取り組み、地方議員団・候補者と協力して、その実現のために力をつくすことを提起しました。

そして、この活動に真剣に取り組むことは、国民の苦難軽減という党の存在意義に立ったきわめて大きな意義をもつ活動であるとともに、党勢拡大と選挙活動を豊かに発展させる確かな力になることを訴えました。

ここで強調したいのは、住民の要求にもとづく運動に旺盛に取り組み、党議員団と協力して地方議会で実現するために奮闘することは、統一地方選挙勝利にとっても特別の意義をもっているということであります。

10月16日に行われた京都・大山崎町長選挙、町議選挙で、日本共産党も参加する「明るい民主町政の会」が支持する前川光候補の圧勝をかちとるとともに、日本共産党は現有4議席を守り、町議レベルで全国トップの議席占有率33・3%を維持しました。党の女性候補が1位、2位となり、4候補の合計得票数、得票率は過去最高となりました。

この勝利の最大の要因は、住民運動の高まりと党支部の持続的な取り組みにありました。自校方式の中学校給食を目指す運動が広がり、町が実施の提案をしているのに、自民党、公明党などが3回にわたって議会で反対して否決するという事態に怒りが広がりました。これに対して、学校給食を考える会が結成され、署名に取り組み、1カ月あまりで町民の7人に1人にあたる2300人の署名を議員に届け、その結果、ついに自公も反対できなくなり、町議会で全会一致で可決され、実現されることになったのであります。

自治体の12月議会、3月議会に向けて、要求アンケートに取り組むことも含め、さまざまな住民要求にもとづく運動を草の根から広げ、議会に届け、実現をめざして奮闘しようではありませんか。

候補者決定をいかにやりぬくか

6中総決定が提起した「10月末までの候補者決定」をめざし、全国で努力が続けられています。6中総後、新たに113人が決定・内定し、合計で1157人が決定・内定しました。6中総決定を正面から討議し、真剣な話し合いのなかでの候補者を決めたドラマが全国各地から報告されています。

同時に、市区町村議候補の決定・内定が868人と遅れていることを、率直に報告しなくてはなりません。現状は、前回当選者数1005人より137人少なく、前回擁立した1167人よりも299人少ないという、重大な事態にあります。

この事態は何としても打開しなければなりません。その基本は、その地域に責任をもつ地区委員会、市町村の補助指導機関、党支部が、6中総と記念講演を力に、「候補者をどうするか」を正面にすえて議論をつくし、決断していくことにあります。ここでも集団

の英知の発揮、集団の力の発揮が強く求められます。都道府県委員会とその長が、この大仕事をやりきるための強力なイニシアチブを発揮することを強く訴えたいと思います。

「特別期間」目標総達成へ、ただちに臨戦態勢の確立を

「特別期間」の目標総達成を、12月末までに行うことは、文字通りの大仕事となります。残る2カ月間、支部も、党機関も、地方議員・候補者も、国政選挙を一度たたかうぐらいの構えで、一日一日活動を飛躍させる強力な臨戦態勢をとることを訴えます。

すべての支部が週1回の支部会議を開催し、毎週、活動の推進をはかりましょう。党機関は、連日の集中態勢をとり、推進ニュースの発行、支部の会議や行動の掌握と援助をすすめるなど、活動を日々前進させるために力をつくしましょう。地方議員・候補者は、5日の全国会議も力にして、支部と一緒に目標総達成に力をあわせましょう。

三、「強く大きな党」づくりでこそ最大の不屈性の発揮を

報告の最後に訴えます。

記念講演が日本共産党の１００年の歴史を貫く特質の冒頭に「不屈性」をあげたことに対して、多くの同志たちから、先人たちのたたかいへの敬意と誇り、感動が語られています。

それでは、今日の私たちに求められる「不屈性」とは何か。もちろん、政治路線のうえで、綱領路線に立って、反動と逆流にキッパリと対決し、社会進歩を促進する不屈性が、あらゆる分野で求められることはいうまでもありません。

同時に、私が、最後に訴えたいのは、「強く大きな党」づくりでこそ最大の不屈性を発揮しようということであります。

戦前、わが党の先人たちは、弾圧と迫害のもと、文字通り命がけで、天皇絶対の専制政治打倒の旗を掲げ、侵略戦争反対、国民主権の実現をめざしてたたかいました。そこには文字通りの「不屈」のたたかいが記録されています。

今日の情勢のもとで、日本共産党員として活動することは、戦前のような命の危険にさらされるということはありません。しかし、戦前とは違った困難のもとで私たちは活動しています。とくに、支配勢力が、その巨大な経済力と結びついたさまざまな支配の緻密な網の目を都市でも農村でもはりめぐらせ、世界でももっとも発達した巨大メディアの大部分をその統制下においているという条件の下で、社会進歩の事業に国民の多数者を結集すること、とりわけ「強く大きな革命政党」を建設することは、長い間の、日常不断の、根気づよい仕事が必要であり、この仕事をやりとげるためには、特別の「不屈性」が求められることを、私は、訴えたいのであります。

そうした精神に立って「特別期間」の目標総達成のために、全党のみなさんが心を一つにして大奮闘することを呼びかけて、幹部会を代表しての報告を終わります。

（「しんぶん赤旗」２０２２年11月４日付）

全国都道府県委員長会議

志位委員長の結語

2022年11月3日

「特別期間」の目標総達成の展望が見え、決意が固まった会議となった

みなさん、お疲れさまでした。常任幹部会を代表して討論の結語を行います。

この会議では27人の同志が発言をしました。幹部会報告を正面から受け止めた、真剣で充実した討論が行われたと思います。発言を聞いておりまして、多くの同志が、ただ単に決意を語るだけではなくて、自らの姿勢、自らの活動の弱点への自己分析を率直に行いながら、決意を語ったことは、たいへんに重要だったと思います。

全国での視聴は、党内通信の視聴者数で7194人、党ホームページ・ユーチューブの接続数で1万286人で、リアルタイム視聴の合計は1万7480人となりました。録画の視聴は午後3時現在で1万2000回となっています。都道府県委員長会議の視聴の規模としては、かなり大きなものとなっており、全党の注目と決意がここにも示されているのではないかと思います。

全国から226通の感想文が寄せられておりますが、幹部会報告は、全体としてきわめて積極的に受け止められています。

この会議は、「特別期間」の目標を総達成する展望が見え、決意が固まった会議となったと思います。みなさん、会議の成果を生かして、「特別期間」を必ず成功させようではありませんか。

幹部会決定を全党のものに――「腹をくくる」「展望をつかむ」の両面で努力を

昨日、(11月)2日の幹部会の決定は、統一地方選挙の勝利・前進はもとより、「強く大きな党づくり」という大事業を前進させるうえで、中央委員会総会決定に準ずる非常に重要な決定となりました。この決定を全党のものとするうえで、次の二つの面をつかんだ奮闘が重要であります。

第一は、「特別期間」に「どういう基本姿勢でのぞむか」ということについて、党機関の徹底した